J. M. J. A.   M. U.

MONASTÈRE
DES
URSULINES DE SAINT-OMER
DIMANCHE 13 MARS 1892
ALLOCUTION
PRONONCÉE
A L'OCCASION DE LA VÊTURE
DE
𝕸𝖆𝖉𝖊𝖒𝖔𝖎𝖘𝖊𝖑𝖑𝖊 𝕸𝖆𝖗𝖎𝖊 𝕽é𝖒𝖔𝖓𝖉
EN RELIGION MÈRE SAINT-BERNARD
PAR L'ABBÉ E. LEFEBVRE
CURÉ DE QUELMES

SAINT-OMER
IMPRIMERIE ET LITHOGRAPHIE H. D'HOMONT
RUE DES CLOUTERIES, 14

1892

J. M. J. A.   M. U.

MONASTÈRE
DES
URSULINES DE SAINT-OMER
DIMANCHE 13 MARS 1892

ALLOCUTION
PRONONCÉE
A L'OCCASION DE LA VÊTURE
DE
Mademoiselle Marie Rémond
EN RELIGION MÈRE SAINT-BERNARD
PAR L'ABBÉ E. LEFEBVRE
CURÉ DE QUELMES

SAINT-OMER
IMPRIMERIE ET LITHOGRAPHIE H. D'HOMONT
RUE DES CLOUTERIES, 14

1892

J. M. J. A.   M. U.

MONASTÈRE DES URSULINES DE SAINT-OMER

DIMANCHE 13 MARS 1892

ALLOCUTION

PRONONCÉE

A L'OCCASION DE LA VÊTURE

DE

Mademoiselle Marie Rémond

en Religion Mère Saint-Bernard

Par l'Abbé E. LEFEBVRE

CURÉ DE QUELMES

« Ecce nos reliquimus omnia et secuti sumus te quod ergo erit nobis ? » (1)
« Voici que nous avons tout quitté pour vous suivre, quelle sera notre récompense ? » (Paroles adressées un jour par saint Pierre à notre Divin Maître.)

Ma bien chère Sœur, il y a trois mois, avec un courage et un calme qui ne sont pas de la terre, vous faisiez à Dieu le sacrifice de ce que vous avez de plus cher au monde, votre bien-aimée famille ; là était votre grand sacrifice. Vous en faisiez d'autres : là-bas, dans ce petit coin du monde aimé de vous, vous faisiez le bien ; aidée du secours de Dieu, vous aviez réussi à grouper autour

(1) Matth.

de vous de jeunes âmes, qui se trouvaient heureuses de vivre quelques heures chaque dimanche avec vous ; qui, entraînées par l'exemple, voulaient apprendre à devenir bonnes, modestes et pieuses comme vous ; vous l'aimiez cette réunion de chaque dimanche, et vous lui aviez donné une part de votre cœur. Là-bas, dans ce petit coin du monde aimé de vous, vous affectionniez particulièrement notre église, heureuse souvent de se trouver parée par vos soins. Que dirai-je encore ? Une âme qui n'a jamais connu et aimé que Dieu, sa famille et le bien, s'attache aisément à tous les dons que le bon Dieu lui a faits : comme vous aimiez le foyer paternel où l'on vous entourait d'un si affectueux dévouement ; comme vous aimiez les douces causeries de la famille ; comme vous aimiez, dans les prairies qui entourent votre maison, à contempler la nature que Dieu a faite si belle dans nos parages ! *Ecce nos reliquimus omnia,* et vous avez tout quitté. Je me reprocherais de blesser votre modestie par des louanges exagérées qui ne seraient point de mise en ce jour et en ce lieu ; mais quand les faits ont parlé si haut, je dois dire au moins une partie de la vérité.

C'est à bon droit qu'il y a trois mois votre famille était éplorée, elle perdait en vous une enfant profondément dévouée, une sœur tendrement aimée ; c'est à bon droit que toute une paroisse s'attristait de votre départ, et vous suivait de sa sincère sympathie, elle perdait en vous un véritable modèle de bonté, de douceur, de piété. Et tandis que tous admiraient l'esprit de sacrifice qu'il vous fallait pour ainsi tout quitter, *reliquimus omnia,* le calme, la sérénité qui se peignait sur votre visage, faisait penser à une autre parole : *Lætatus sum in his quæ dicta sunt mihi, in domum Domini ibimus* : j'éprouve intérieurement une grande joie dans les paroles qui ont été dites à mon âme, j'entrerai dans la maison du Seigneur. Vous y êtes entrée en effet, vous y goûtez déjà la paix du cœur, cette joie intime d'une âme qui se sent où Dieu la veut ; et, le temps prescrit par votre règle, à peine écoulé, on vous admet au plus vite à cette fête, grande et douce pour vous, et aussi pour nous, de vos fiançailles avec l'Époux céleste que vous avez choisi ; tant vos dignes Supérieures, heureuses de vous posséder, je ne crains pas d'être contredit, ont hâte de vous voir entrer définitivement dans leur famille spirituelle.

Quoiqu'en toute vérité, me reconnaissant incapable de porter, comme il le faudrait, la parole dans une si grande et si belle cérémonie, j'éprouve un vrai bonheur de le faire, et j'en exprime toute ma reconnaissance à qui n'a pas dédaigné le service de mon ministère.

Une vocation religieuse est la même en toutes les âmes qui ont véritablement entendu l'appel de Dieu : c'est la passion du dévouement absolu s'élevant dans un cœur généreux qui veut tout donner et se donner lui-même. « Que celui qui veut venir après moi, se renonce lui-même, qu'il prenne sa croix et qu'il me suive. » L'âme qui a pris pour elle cet appel de Jésus, cette invitation à le suivre, n'a plus de repos qu'elle n'ait réalisé cet appel dans toute sa rigueur : elle veut se donner, elle veut se sacrifier, elle veut se faire victime. Elle sait, d'après les instructions et les exemples de son Divin Maître, que le salut n'arrive au monde que par le sacrifice, et elle veut se sacrifier pour ceux qu'elle aime en ce monde, et pour le monde tout entier, selon le bon plaisir de Dieu, qui va devenir l'unique règle de ses désirs. Le monde avait péché, se dit-elle, Jésus a souffert pour le monde, et la justice de Dieu s'est trouvée satisfaite ; le monde, qui devrait faire pénitence, s'adonne aux jouissances, aux plaisirs ; je ferai pénitence pour le monde, je renoncerai à tout, je me priverai en sa place, et la justice de Dieu sera de nouveau satisfaite ; toute âme qui se prive donne à une autre âme, toute âme qui souffre volontairement enlève une souffrance à quelqu'un. Dès lors, quelles aspirations étranges s'élèvent dans cette âme ! elle ne rêve plus que sacrifices, privations, mortifications, veilles prolongées, jeûnes, instruments de pénitence. Comme Jésus, elle rêve la croix, les épines, les flagellations ; elle désire dans le sacrifice ce qu'il y a de plus grand et de plus méritoire devant Dieu et devant les hommes : désirs qui finissent, comme l'a dit un orateur de ces derniers temps (1) par un sacrifice complet où ce qu'il y a de plus pur, s'arrache à ce qu'il y a de plus cher, pour s'élever vers ce qu'il y a de plus grand.

Bienheureuse, ma chère Sœur, l'âme qui, comme la vôtre, a éprouvé ces généreux désirs, a pu les mûrir au sein d'une famille profondément chrétienne, et les réaliser dans une aussi sainte Maison.

Parce que la vie religieuse est d'abord un sacrifice, mais qui donne droit à une récompense, je voudrais dire en cet entretien que la Religieuse renonce en ce monde aux plaisirs, aux honneurs, aux richesses, et que Dieu lui rend au centuple richesses, honneurs et jouissances, même en ce monde.

(1) Le P. Félix.

†

La Religieuse renonce aux plaisirs, plaisirs défendus, cela va sans dire, plaisirs permis aussi, elle se prive de tout. C'en est trop, dit le monde, le monde léger, frivole, irréfléchi, égoïste. Il ne veut pas comprendre que ce sont précisément ces privations volontaires des choses permises qui expient l'emportement effréné avec lequel il se livre aux jouissances coupables ; il ne veut pas savoir que les mortifiées volontaires sont ses plus grandes bienfaitrices ici-bas, que leurs sacrifices sont une puissance surnaturelle grâce à laquelle Dieu supporte le monde, le pardonne, le secourt, le pardonne encore et peut-être le bénit.

Quand on parle aux mondains des austérités du cloître, ils lèvent les épaules ; ils auraient traité avec un égal dédain le Rédempteur lui-même, ils lui auraient donné des conseils de modération, ils lui auraient crié avec les Juifs : *Descendat de cruce :* Qu'Il descende donc de la croix. Et n'est-ce pas à peu près ce qu'ils disent tous les jours : Pourquoi ces religieuses s'obstinent-elles à rester dans leurs tristes solitudes, livrées à des pensées et à des pratiques austères ? qu'elles sortent de leurs cloîtres, qu'elles viennent prendre part à nos fêtes et à nos jouissances. *Descendant in cruce.*

Non, non, ô âmes saintes, restez dans vos régions célestes, et que la voix de vos gémissements s'élève au-dessus du bruit de nos plaisirs, et que vos chants sacrés soient plus forts que les blasphèmes, et que vos sacrifices, et que vos jeûnes, et que vos privations expient pour les sensualités du monde. « Vous êtes, a dit un pieux auteur (1) l'idéal de la chair qui se respecte, destinée à faire rougir celle qui se dégrade, et lorsque tant de créatures raisonnables avilissent leur corps jusqu'à la condition des bêtes, c'est une saine contemplation, pour le monde, de voir en vous la fange humaine glorifiée et ennoblie jusqu'à la pureté des anges. » Vous êtes des pages vivantes de l'Évangile, où le monde est obligé de lire des conseils qu'il voudrait oublier. Vous obligez le monde à croire malgré lui à la chasteté acceptée pour Jésus-Christ. Restez dans vos cloîtres et que Dieu ne permette jamais, pour châtier le monde, que la puissance humaine puisse vous en faire sortir malgré vous. Restez, car sans vous pour détourner de nos têtes coupables les traits de la vengeance de Dieu, sans vous pour nous attirer des grâces de conversion, sans vous pour nous faire rougir de nos lâchetés à la vue de votre courage héroïque, sans vous pour relever le niveau moral de l'humanité, sans vous que deviendrions-nous ? Restez et souffrez : souffrez, cela comptera pour notre pays qui penche au bord des abimes ; souffrez, cela comptera pour tous les scandales, pour toutes les impiétés, pour tous les blasphèmes, pour toutes les apostasies ; souffrez tant qu'il y aura des peuples qui n'auront pas encore ouvert à Jésus-Christ la porte de

(1) P. Caussette.

leur cœur. Ne dites jamais : c'est assez, car il faut un *miserere* sans interruption pour couvrir des misères sans mesure. Laissez vos ennemis vous suivre de leurs injures, et continuez à les suivre de vos prières ; laissez-les vous cribler de leurs traits, et comblez-les de vos bienfaits ; laissez-les vous reprocher cruellement de ne vivre que pour vous, et continuez de mourir pour eux.

Mais le monde, n'est-il pas vrai, mes bien chères Sœurs, peut faire trêve à sa compassion pour vous, car Jésus à qui vous sacrifiez tout, vous rend tout au centuple. Voilà pourquoi, tandis que les mondains sont obligés de s'avouer souvent à eux-mêmes cette vérité exprimée par saint Augustin : Vous nous avez faits pour vous, ô Dieu, et notre cœur est dans la recherche, dans le travail, dans le trouble, jusqu'à ce qu'il se repose en vous, votre cœur à vous goûte une paix indicible, une joie inaltérable. Voilà pourquoi, tandis que le monde affecte de vous regarder avec compassion et de vous prendre en pitié, il vient souvent ici faire bercer ses noires tristesses, par le charme de vos pieux entretiens. Vos arides demeures, a dit un auteur, ont une poésie, vos grilles de fer ont un aimant qui attire les âmes fortes, et les austérités de votre vie ont des séductions qui le disputent aux embrassements des mères.

Celui dont la vue a donné des tressaillements à votre âme, *quem vidi*, Celui à qui vous avez consacré votre cœur, *quem amavi*, Celui en qui vous avez mis toute votre confiance, *in quem credidi*, Celui à qui vous avez donné tout votre amour, *quem dilexi*, ne permettra jamais que vous soyez frustrées. *In te speravi non confundar*. Il vous a promis le centuple en ce monde, vous l'aurez, et après cela la Vie éternelle.

†

La Religieuse renonce aux richesses de la terre. Autant le monde les recherche, autant la Religieuse les fuit. Autant le monde s'y porte, parce qu'elles donnent comme la clef des autres jouissances terrestres, les honneurs et les plaisirs, autant la Religieuse les sacrifie, parce que, aux honneurs, aux plaisirs, aux richesses, elle préfère les ignominies, les privations et le dénûment de la croix. En acceptant la pauvreté volontaire, vous renoncez à votre patrimoine, vous acceptez de ne jamais avoir la propriété personnelle de quoi que ce soit. L'on s'étonne autour de vous de tant d'abnégation et, ici encore, vous prêchez d'exemple au monde qui ne vit que pour l'argent, qui s'adonne à l'avarice, qui ne craint pas de commettre l'injustice, qui veut amasser sans cesse au mépris de sa conscience qui réclame à bon droit ; comme si un jour il ne fallait pas rendre ses comptes, . et comme s'il ne fallait pas un jour tout quitter, ses propriétés et ses richesses quelles qu'elles soient.

Un homme célèbre du dix-septième siècle ayant appris de la bouche de son médecin qu'une maladie, qu'il avait contractée, ne laissait pas d'espoir, se traîna péniblement dans sa galerie et dans sa bibliothèque, et là, se croyant seul, il se répétait à lui-même, en regardant chacun de ses objets d'art et de ses tableaux de grands maîtres : Hélas ! il faut quitter cela, et encore cela !... Oui, à la mort, il faut tout quitter. Quelle folie de s'attacher à des biens qu'il faut quitter si vite. Vous êtes, mes bien chères Sœurs, les vierges sages et prévoyantes ; vous renoncez d'avance aux biens de la terre ; vienne la mort, de ce côté aussi, vous êtes prêtes à partir, il y a longtemps que vous aviez dit adieu à vos biens.

A côté des richesses matérielles auxquelles vous dites un adieu éternel, j'en vois d'autres dont vous vous privez pour un temps, le temps de la vie, et là est le plus vif de vos sacrifices. Je veux parler de ces richesses qui sont les richesses de tous, de tous, parce que, semble-t-il, personne ne peut s'en passer.

Vous étiez riches, avant d'entrer dans vos maisons religieuses, du respect, de l'estime et de l'affection de toutes les personnes qui s'approchaient de vous. Cette affection, cette estime, ce respect, sans nul doute, vous suivront partout ; mais, dans vos cloîtres, vous en faites le sacrifice le plus complet ; si nous, qui sommes vos frères, et qui connaissons mieux que le monde vos sacrifices, nous sommes heureux et fiers de redire bien haut combien vos âmes sont grandes, précieuses et estimables, dans votre vie intérieure, vous vous exercez à la plus grande humilité, vous vous apprenez les unes aux autres que l'estime du monde n'est rien, vous en faites le sacrifice.

Avant d'entrer dans vos maisons religieuses, vous étiez riches de votre vénérée famille, d'un père et d'une mère tendrement aimés, de frères et de sœurs chéris, de parents dévoués. Vous n'avez pas renoncé à l'amour de la famille. Oh ! non, et, je ne crains pas de l'affirmer, c'est dans la vie religieuse que l'on sait le mieux aimer ; on s'immole au Seigneur pour tous les êtres chers que l'on a laissés dans l'arène, on n'a plus que le désir de se donner pour leur sanctification et leur bonheur éternel. Ne sont-ce pas là les affections les meilleures ? Oui, c'est là aimer comme Dieu a aimé, par la croix et par le sacrifice. Loin donc d'avoir renoncé aux affections de la famille, ces affections, vous les avez rendues plus fortes, vous les avez spiritualisées, divinisées, rendues inébranlables et éternelles. Mais la joie si douce de se trouver en famille, les uns à côté des autres, cette joie-là, si légitime pourtant, elle n'est plus pour vous, vous y avez renoncé pour toujours. Et vous avez consenti, parce que vous avez vu, dans votre sacrifice, la volonté de Dieu à ce que votre famille souffre d'être privée de vous, et il y aura des heures où vos Mères feront des sacrifices surhumains en se sentant éloignées de vous, ce seront les heures de la souffrance et de la maladie. Pourquoi ne pas dire vos renoncements dans toute leur intime vérité ? Il est si naturel qu'une enfant reçoive les soins de sa mère, il est si indispensable à une mère de soigner ses enfants ! Eh ! bien, oui, il y aura des heures où celles qui tiennent à vous par toutes les puissances de leur être, comme par tous les sentiments de leur cœur, souffriront le martyre de la Vierge Marie au Calvaire, qui mourait de ne pouvoir alléger les cruels tourments de son Fils, à cause de la hauteur de la croix.

O sacrifices réciproques et inexprimables ! quand je vous médite, je ne m'étonne plus que Dieu qui vous inspire et à qui vous êtes offerts, vous promet des récompenses infinies ; quand je vous médite, je m'étonne moins que le ciel du bon Dieu soit inimaginablement beau et qu'il soit éternel. Et si Dieu déjà récompense ces sacrifices sur cette terre, ce doit être par un don inappréciable qui ne sera rien autre chose que Lui-même.

En effet, mes bien chères Sœurs, en retour de tous vos renoncements, Jésus vous donne à vous d'abord, et à vous particulièrement, la Sainte Eucharistie. Je me reporte à l'heure de l'institution de ce divin Sacrement. La tradition rapporte que, dans une pièce voisine de celle où se trouvaient Jésus et ses apôtres, il y avait la Très Sainte Vierge, sa mère, et quelques saintes femmes, et qu'après avoir distribué la Sainte Eucharistie à ses apôtres, Jésus la porta aussitôt à sa Mère et aux pieuses femmes. C'est que, s'il instituait le Sacrement de son amour pour tous les hommes, il voulait faire d'abord ce don de Lui-même aux préférés de son cœur, ses apôtres et les pieuses âmes qui suivaient ses conseils divins. Ce n'est que plus tard que la Sainte Eucharistie fut distribuée aux fidèles. Tout le sacerdoce catholique était représenté dans la personne des apôtres ; toutes les âmes pieuses, et particulièrement toutes les Religieuses, étaient représentées en la Vierge Marie et les saintes femmes. Les dons de Dieu, et c'est justice, sont d'abord et surtout pour les âmes qui lui sont le plus fidèles.

Et n'allez pas croire, mes bien chères Sœurs, que ce soit ici affaire de pieuse imagination. Jésus a dit en instituant la Sainte Eucharistie, et le prêtre redit tous les jours à l'autel : *Pro vobis et pro multis :* pour vous d'abord, *pro vobis*, ensuite pour la multitude, *pro multis*. Vous le voyez, chères âmes, pauvres volontaires pour Jésus-Christ, vous êtes ici riches de Dieu Lui-même. Les biens du monde vous promettaient tout, vous avez rejeté les promesses des biens du monde, Dieu se donne à vous, et avec Lui vous êtes riches, et avec Lui vous aimez à dire que « vous possédez tout. » Sans doute, c'est un Dieu caché et couvert d'un voile, mais ce n'en est pas moins Dieu lui-même, le Dieu tout bon et tout-puissant du ciel et de la terre ; et, votre foi le sait bien, le voile dont il se couvre, un jour tombera, de même, ma bien chère Sœur, qu'un jour aussi tombera le voile dont tout à l'heure vous allez couvrir votre regard afin de ne plus voir la terre et de mieux voir le ciel ; oui, un jour deux voiles tomberont, celui de l'épouse et celui de l'Époux, et de ces deux faces jadis cachées l'une à l'autre, alors illuminées par la gloire, sortiront des clartés dont la splendeur ineffable rejaillira jusqu'au plus profond des cieux. Et vous savez cela, et vous en jouissez d'avance, comme l'on jouit d'avance d'une réunion longtemps attendue ; et vous êtes heureuses déjà du bonheur ineffable dont vous jouirez auprès de Dieu, avec vos bien-aimés parents et tous les objets de votre tendresse, et vous vous surprenez parfois à vous recueillir pour savourer d'avance cette délicieuse joie ; ô délices ineffables, ô inexprimable ivresse ! Vraiment, Marie a choisi la meilleure part. Jésus vous avait promis le centuple en ce monde, vous l'aurez, et après cela la Vie éternelle.

†

La Religieuse renonce aux honneurs de la terre. Parfois les honneurs vont la trouver malgré elle, au fond de ses demeures retirées. Il y a quatre mois, la grande Chancellerie de la Légion d'honneur faisait relever la liste complète des femmes décorées, il y en a quarante, et sur ces quarante, quatorze dames du monde et vingt-six religieuses. C'est l'humble croix du Calvaire, que leur dévouement avait cherchée, et non pas cet ornement qui brille orgueilleusement sur la poitrine : la Religieuse fuit les honneurs. Sortie d'une famille considérée et parfois haut placée par sa situation et son influence, elle était appelée à tenir un rang dans le monde, à y briller, à y commander. Jésus-Christ lui est apparu sur la croix où il est monté pour obéir, et il a dit à son âme : La gloire et les honneurs de ce monde sont passagers, n'y attache pas ton cœur, je te récompenserai un jour par une gloire infinie, je te ferai régner éternellement avec moi dans mon ciel. Veuille ne pas te glorifier de tes qualités ; sois humble, sois simple, sois modeste, n'aie même plus de volonté ; sacrifie-la, soumets-la à une règle, sois obéissante jusqu'à la mort, comme je l'ai été moi-même. Et l'âme généreuse a répondu : Oui, Seigneur, puisque vous le voulez. Je renonce aux honneurs, au commandement, je renonce à tout ce qui brille dans le monde, le luxe dans les habits, la somptuosité des appartements ; mon seul joyau sera ma croix de bois, sur laquelle tous les jours, spirituellement, je veux monter avec vous ; ma seule prétention sera de vous obéir.

Heureux choix qui fait entrer la Religieuse dans la famille de Jésus-Christ, et lui fait partager sa parenté.

« A ce titre, a dit un pieux auteur (¹), vous agissez comme une épouse ordinaire dans la maison où elle a été introduite par ses noces. Sous les yeux du Père et du Saint-Esprit, vos éternels alliés, vous écoutez les confidences du Fils, votre Bien-Aimé, vous répondez à ses épanchements, vous vous prêtez à ses vouloirs, vous vous associez à ses peines, à ses joies, à ses intérêts ; vous lui tenez compagnie, vous défendez son honneur, vous essuyez ses sueurs et ses larmes, il est des heures où vous épongez son sang. » En un mot, tous les bons offices de l'épouse dans la demeure de l'époux, vous les remplissez à l'égard de Jésus, et vos honorés parents ont vraiment pour gendre le Fils de Dieu lui-même. Quels honneurs inconcevables ! C'est une partie de votre centuple.

Concevez-vous, mes Frères, un rang supérieur à l'honneur de cette Religieuse dont les anges se disent mutuellement, en la regardant du haut du ciel : Venez, que je vous montre celle qui est l'épouse de l'Agneau. *Veni ostendam tibi sponsam Agni* (²).

Vous êtes, mes bien chères Sœurs, les émules et les sœurs des anges. Un grand peintre (³) a représenté un beau Crucifiement, dans lequel les anges, sous des formes et dans des attitudes sublimes, sont représentés en larmes autour de la croix. Eh ! bien, pour Notre-Seigneur, son existence perpétuelle au sein de l'Église est toujours un Calvaire, et les Religieuses sont les anges de paix destinés à le consoler. Vous êtes sur terre, mes bien chères Sœurs, les créatures les plus indispensables et, en même temps, les plus glorieuses, les plus hono-

---

(1) Mgr Gay. — 2. Apoc. — 3. Lebrun.

rables. Dieu vous rend la gloire à laquelle vous avez renoncé en acceptant les abaissements de la croix. Ah ! c'est que le Calvaire sur lequel vous êtes montées est, comme toutes les montagnes, fatigant quand on le gravit, enivrant quand on est au sommet, on trouve en haut plus qu'on a laissé en bas. Jésus l'avait dit : le centuple en ce monde et, après cela, la Vie éternelle.

†

Et maintenant, ma bien chère Sœur, je ne veux pas retarder plus longtemps cette cérémonie que vous appelez de tous vos vœux, et qui sera la marque du dépouillement que vous aviez réalisé dès longtemps au plus intime de votre âme. Le ciel et la terre sont attentifs et vous suivent de leurs regards remplis de bonté et de bénédictions ; le ciel et la terre vous bénissent.

Jésus, du haut du ciel, votre Fiancé aujourd'hui, votre Époux déjà par les désirs de votre cœur, arrête sur votre âme des regards d'inexprimable complaisance; Il dit de vous : Celle-ci est ma fille bien-aimée. Il est content de vous ; Il vous dit que ce que vous faites aujourd'hui pour Lui est bien, *benedicit,* Il vous bénit.

La Vierge Marie, votre reine, *regina virginum ;* votre modèle, *virgo purissima, castissima;* votre consolation, *causa nostræ lætitiæ;* la Vierge Marie est glorieuse et fière de celle qui a si dignement porté son nom dans le monde. Elle vous montre à l'innocente troupe des vierges, et elle leur dit : En un si beau jour, bénissons ensemble notre sœur de la terre. La Très Sainte Vierge vous bénit.

Votre excellente famille vous bénit : un père, une mère tendrement aimés, un frère, des sœurs chéris ; ils sont attendris, ils renouvellent aujourd'hui un bien dur sacrifice, mais ils veulent le faire avec autant de générosité et de résignation chrétienne qu'au jour de la première séparation ; ils sont dans l'admiration devant le calme et le désintéressement de votre sacrifice ; ils vous remercient de l'avoir offert à Dieu pour eux, et de toute la force de leur cœur aimant, ils vous disent : Enfant bien-aimée, sœur très-chère, c'est bien, *benedicunt,* ils vous bénissent.

Voyez comme vos autres parents, à des degrés différents, ont tenu à venir en grand nombre à cette fête de vos fiançailles célestes. Eux aussi sont heureux et fiers de vous ; eux aussi sont venus vous dire : ô notre chère parente, ce que vous faites aujourd'hui, comme c'est beau, comme c'est digne d'envie, comme c'est bien, *benedicunt,* ils vous bénissent.

Votre famille spirituelle vous bénit : vos Mères, vos Sœurs sont dans la joie à la vue de votre bonheur. Elles remercient Dieu de vous avoir envoyée vers elles, elles l'en bénissent et elles vous bénissent.

Il m'en coûterait trop de ne pas vous le dire, moi aussi, votre prêtre d'autrefois, je vous bénis. Je suis ravi de pouvoir assister à cette fête, d'avoir pu remplir encore un ministère auprès de votre âme. Au nom de ma paroisse toute entière, je vous remercie des beaux exemples que vous nous avez donnés, du bon souvenir que vous nous avez laissé, du bien que vous nous avez réellement fait à tous ; de toute la force de mon âme, je prie Dieu de vous récompenser et je vous bénis.

En un jour où vous vous donnez si généreusement à Dieu, et où Dieu doit si largement vous accorder les faveurs que vous lui demanderez, priez, afin que nous tous ici présents, après une vie vraiment chrétienne, nous méritions, au dernier jour, d'entendre de la bouche de notre Juge cette parole consolante qui sera le gage de notre bonheur éternel : Venez, les bénis de mon Père, entrez dans la récompense que je vous ai préparée. *Venite benedicti* : Venez, vous êtes des bénis. Ainsi soit-il.

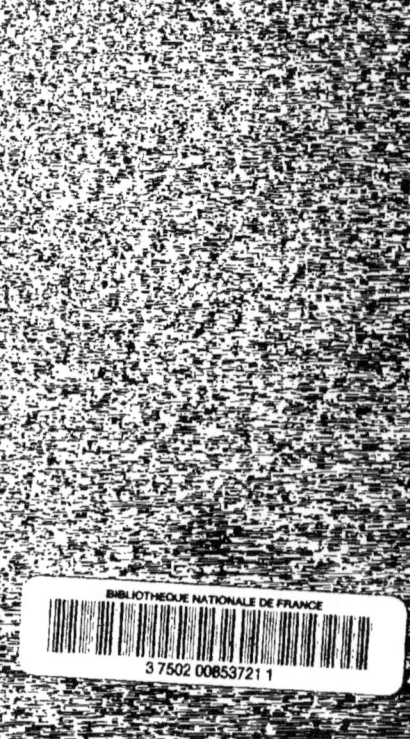

www.ingramcontent.com/pod-product-compliance
Lightning Source LLC
Chambersburg PA
CBHW060911050426
42453CB00010B/1654